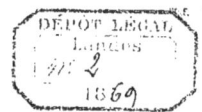

INSTRUCTION PASTORALE

DE

MONSEIGNEUR L'ÉVÊQUE D'AIRE ET DE DAX,

SUR LES SAINTS-ANGES,

ET

MANDEMENT

Pour le Carême de 1869.

MONT-DE-MARSAN,
TYPOGRAPHIE ET LITHOGRAPHIE DELAROY,
IMPRIMEUR DE L'ÉVÊCHÉ.
1869.

INSTRUCTION PASTORALE

DE

MONSEIGNEUR L'ÉVÊQUE D'AIRE ET DE DAX,

SUR LES SAINTS-ANGES,

ET

MANDEMENT

Pour le Carême de 1869.

MONT-DE-MARSAN,
TYPOGRAPHIE ET LITHOGRAPHIE DELAROY,
IMPRIMEUR DE L'ÉVÊCHÉ.
1869.

INSTRUCTION PASTORALE
DE
MONSEIGNEUR L'ÉVÊQUE D'AIRE ET DE DAX,
SUR LES SAINTS-ANGES,
ET
MANDEMENT
Pour le Carême de 1869.

Louis-Marie-Olivier ÉPIVENT, par la grace de Dieu et du Saint-Siége Apostolique, Évêque de la Sainte-Église d'Aire et de Dax,

Au Clergé et aux Fidèles de Notre Diocèse, Salut et Bénédiction en Notre-Seigneur Jésus-Christ.

Nos Très-Chers Frères,

Quand la Sainte-Quarantaine approche, avec le devoir qu'elle Nous impose de vous envoyer des remontrances graves comme *le temps favorable*, convertissantes comme *les jours de salut*, Nous Nous prosternons devant Jésus-Christ à son tabernacle, devant Marie à sa chapelle, et là, Nous prenant le front des deux mains, Nous méditons sur ce qu'il y aurait à vous écrire de plus avantageux pour votre salut. Nous observons les *vérités* qui *se sont* le plus *affaiblies parmi les enfants des hommes* (1), et Nous vous les rappelons en vous disant que l'oubli ou les attaques des hommes ne peuvent rien contre une *parole divine* qui verra *le ciel et la terre passer, et qui, elle, ne passera jamais* (2).

Or, parmi ces vérités importantes et oubliées, il en est une, N. T. C. F., qui Nous arrachait, il y a un an, une plainte amère, et qui Nous inspira d'aborder l'un des sujets les plus sublimes de notre sainte religion : c'est cet ordre surnaturel que Dieu a établi lui-même dans le gouvernement du monde et des âmes ; ce sont les essences angéliques qui racontent si haut la gloire de Dieu, l'étendue de sa puissance créatrice, le mystère de sa grâce, la profondeur de sa justice, dogme fondamental qu'il est nécessaire de rappeler à une *génération incrédule et perverse* (3) qui ne voit plus rien au-delà de ce qui frappe les sens, qui ne croit plus à rien de ce qui dépasse le naturel et le compréhensible de leur raison.

Déjà, N. T. C. F., Nous vous avons montré ces esprits supérieurs, tous créés d'abord dans la sainteté, dans la justice, mais aussi dans le libre exercice de leur volonté ; nous avons vu le plus beau d'entre eux, Lucifer, entraîner dans sa révolte *le tiers des étoiles du ciel* (4) et précipité avec ces anges rebelles dans un brûlant abîme ; nous avons vu avec effroi tous ces génies réprouvés, occupés depuis la création de la terre et de l'homme, à souffler leur esprit de désordre dans le monde physique et dans le monde moral, à tenter les âmes pendant qu'elles sont libres ici-bas de *choisir entre l'eau et le feu* (5), entre la lumière et les ténèbres, entre le paradis et l'enfer. Cet épouvantable Satanisme a commencé dans le Ciel, il se perpétue sur la terre et il ne finira qu'au dernier jour du monde, quand *un Ange descendra du Ciel, tenant en main la clef de l'abime et une grande chaîne, et que le Diable sera précipité, avec tous ceux qu'il aura séduits*, dans

---

(1) Ps. XI. 2. — (2) Matth. XXIV. 35. — (3) Matth. XVII. 16. — (4) Apoc. — (5) Eccli. XV. 17.

l'étang de feu et de soufre, où ils seront tourmentés le jour et la nuit, dans les siècles des siècles (1).

Cette année, notre tâche est plus douce et plus consolante : Nous devons, suivant notre promesse, vous montrer la grande portion des Anges fidèles, associée par leur Créateur au gouvernement de l'univers, cette innombrable armée des Cieux, combattant l'armée de Satan, de ses Anges et de ses suppôts. Thèse magnifique, mais trop ardue pour une âme qui s'élève si péniblement au-dessus de la terre et qui ne peut *se glorifier que de ses infirmités* (2). Mais, prions ensemble, N. T. C. F., l'Esprit de Dieu, Roi de tous les Esprits-Saints, Marie, son épouse et la Reine des Anges, d'emporter nos âmes jusque *dans le Ciel et les Cieux des Cieux* (3); prions-les de soulever le voile bleu qui nous cache les habitants de ce bienheureux séjour, et alors nous verrons que les Anges du Ciel, comme les Saints de la terre, sont *des arrivés de la grande tribulation* (4); des soldats *qui ont combattu le bon combat* (5); nous les entendrons chanter encore cet hymne qu'ils entonnèrent après la victoire, quand Dieu les couronna d'une justice inamissible : *Maintenant tout est achevé, le salut, le royaume de Dieu et la puissance de son Christ ; réjouissez-vous donc, Cieux, et vous tous qui l'habitez* (6). Et quand nous redescendrons dans nos tristes vallées, nous y retrouverons encore des larmes, des combats, la mélancolie de l'exil; mais, comme Saint-Paul, à son retour du troisième Ciel, nous nous consolerons, des *quatorze ans* entiers, au souvenir des *choses ineffables* que *nous aurons entendues* (7); nous nous dirons que nous sommes un *spectacle digne de Dieu et des Anges*, que *notre conversation est déjà dans les Cieux* ; que, *marchant ici-bas sous cette nuée* d'Anges, témoins et protecteurs de notre vie, *nous devons déposer tout ce qui nous attache à la terre, briser les liens du péché, courir par la patience dans la carrière qui nous est ouverte, jusqu'à ce que nous arrivions à la montagne de Sion, à la cité du Dieu vivant, à la céleste Jérusalem, dans ce monde habité par d'innombrables milliers d'Anges* (8). Ces vérités bien méditées amèneront, par un doux attrait, les pécheurs comme les justes, aux saintes

(1) Apoc. XX. 9. — (2) II. Cor. XII. 5. — (3) Eccli. XVI. 18. — (4) Apoc. VII. 14. — (5) II. Tim. IV. 2. — (6) Apoc. XII. — (7) II. Cor. XII. 4. — (8) Hebr. XII.

austérités du Carême, aux résolutions fortes qui sont comme dans l'air du Temps Pascal, aux grands pardons du Golgotha, aux Sacrements prescrits de la Pénitence et de l'Eucharistie, pour passer ensuite aux joies de la Pâque, image de la joie éternelle des Anges et des Saints au Ciel.

Pour entrevoir, N. T. C. F., la raison d'être de tous les esprits célestes, Nous pourrions dire leur place nécessaire dans le plan général de la création, il faut jeter un coup d'œil sur tout l'univers, comme Dieu le fit lui-même au dernier jour de son travail, quand, en regardant son œuvre, il déclara que tout était bien.

C'est surtout dans une belle nuit d'hiver, avec la loupe de l'astronome, N. T. C. F., que vous pouvez le mieux observer la richesse, la magnificence de la création matérielle. Devant vous, le firmament *se déroule comme un livre* (1), et vos regards plongent jusque dans la profondeur des cieux; autour de vous, sur votre tête, ce ne sont que de vastes continents de lumière. Vous touchez, comme de la main, notre satellite, cet escabeau de l'Immaculée. A l'aide d'une puissante triangulation, vous êtes arrivé à ce grand soleil qui est maintenant sous vos pieds, vous avez atteint toutes les planètes, le sanglant Mars, le brillant Jupiter, le pâle Saturne qui, de trois cent millions de lieues, vous propose l'énigme de ses sept lunes et de son double anneau. Cette distance de la création n'est rien encore ; vous allez deux fois plus loin, pour rencontrer Uranus, et l'immortel Leverrier vous conduit à douze cent millions de lieues pour vous montrer sa planète décrivant dans l'une de ses années, qui équivaut à deux de nos siècles, le plus grand cercle connu du monde planétaire.

Mais le Créateur s'est-il arrêté à la frontière du champ des planètes, dont la distance effraie déjà la raison humaine? Regardez encore le ciel, N. T. C. F., *comptez les étoiles si vous le pouvez* (2). Pour essayer d'en calculer la distance, prenez, pour base du triangle qui vous a permis d'escalader le soleil et les planètes, les soixante-dix millions de lieues qui mesurent la distance où la terre vous transporte d'un côté à l'autre du soleil. Tirez deux lignes vers la même étoile que vous avez observée à ces deux points opposés. Le triangle ne se fera pas ; votre base n'est qu'un point et vos deux

---

(1) Apoc. VI. 14. — (2) Gen. XV. 5.

lignes se confondent. De ce parallélisme et de la fixité des étoiles, la science est autorisée à conclure que les étoiles sont des soleils incomparablement plus gros que le nôtre, des centres de sphères qui ont leurs planètes, dont le grand cercle doit avoir au moins cent mille milliards de lieues, pour que tout le système s'y meuve à l'aise. Et quand on songe que ces étoiles, dont chacune réclame autant d'espace, se comptent par milliers à l'œil nu, qu'une forte lunette en découvre des groupes de milliers dans chaque espace de la voie lactée, qu'un enfant couvrirait aisément de sa main ; que c'est la force de nos instruments, et jamais les étoiles, qui fait défaut à l'observateur, ne devons-nous pas nous écrier, en présence de ces grandeurs incompréhensibles : Oui, Dieu est admirable dans la création de la matière qu'il s'est fait un jeu d'arrondir en globes immenses et de suspendre comme des lustres au dôme de son palais. *Cuncta componens, delectabar, ludens in orbe terrarum* (1).

Maintenant, N. T. C. F., si vos yeux fatigués de regarder si haut s'abaissent sur cette terre, vous trouverez Dieu tout aussi admirable dans la création des plus petits corps, que dans celle des plus grands. Notre terre, cette nacelle qui vogue dans une mer sans rivages, nous offre des merveilles de création tout aussi admirables que les planètes et les étoiles, ces grands vaisseaux qui cinglent à l'horizon du même Océan, ou qui sont immobiles, comme s'ils étaient à l'ancre. Quelle plénitude de vie sur la terre, dans l'air, au sein des mers ! Il n'est pas besoin d'aller jusqu'au bout de l'univers pour admirer le vainqueur du néant. Les informations du microscope nous révèlent autant de puissance créatrice que la longue-vue qui nous montre des comètes traînant une chevelure de soixante millions de lieues. Point d'espace vide dans les trois règnes qui se partagent toute la nature terrestre ; les embranchements se succèdent sans interruption et l'on distingue à peine la transition des êtres bruts aux végétaux, de ceux-ci à la vie animale. La création matérielle, avec ses degrés presque infinis, est une chaîne qui relie les plus petits êtres aux plus grands, le grain de sable à la terre ; la terre, flocon de laine, mais que Dieu pousse de son souffle le plus amoureux, aux globes célestes, et tous ces individus forment un grand tout

(1) Prov. VIII. 30.

si bien appelé le beau, le monde, l'univers. Un seul être reste en-dehors de cette chaîne : c'est Celui qui en a soudé tous les anneaux.

Mais le Créateur va se rattacher cette chaîne d'une manière encore plus parfaite. Dieu est esprit, et tout ce que nous venons d'admirer dans la création n'est encore que matière. Dieu crée l'homme à son image ; il allie l'esprit à la matière et il fait de l'homme la soudure de deux mondes, le monde des corps et le monde des esprits. Par son corps, l'homme tient à toute la création inférieure ; par son âme, incomparablement plus belle que toute cette création, il s'unit à Dieu, par une relation d'intelligence et d'amour. Le monde des corps est déjà tout plein ; mais quel vide dans l'autre ! La puissance créatrice est-elle épuisée ? La chaîne des êtres va-t-elle se rompre ? L'homme en est-il le dernier anneau et va-t-il rester solitaire dans ce monde des esprits ? Non, N. T. C. F., Dieu est l'océan de l'être et de la vie ; l'échelle descendante, qui de l'homme va jusqu'au ciron, suppose une échelle ascendante qui s'élève de l'homme vers Dieu. L'ouvrier qui a si magnifiquement meublé le monde des corps ne se refusera pas à peupler le monde des esprits, plus précieux encore pour sa gloire. Ici même, plus qu'ailleurs, il devait ensemencer les déserts du vide, et chasser plus loin le règne du néant. « Supposé, dit Saint-Thomas, le décret de la création, l'existence de certaines créatures incorporelles est une nécessité ; car le but principal de la création, c'est le bien ou la perfection de la créature. Cette perfection consiste dans la ressemblance de l'être créé avec le Créateur. Or, le Créateur agit par intelligence et volonté ; la perfection de l'univers exige donc qu'il y ait des créatures intellectuelles et corporelles. »

Les voici, N. T. C. F., ces créatures suréminentes qui s'élancent du sein de Dieu, comme la lumière jaillit du soleil (1). Ce ne sont pas des émanations substantielles de Dieu ; car Dieu a tout tiré du néant. Donc, *au commencement*, c'est-à-dire avant tout commencement et au moment aussi où tout, excepté Dieu, a commencé, *Dieu créa le ciel et la terre*. Dans ces deux mots, nous disent les Pères, sont renfermés tous les êtres créés. *Dieu a parlé et tout a été fait* (2). *Toutes choses ont été faites par lui, au ciel et sur la terre, les visibles et les invisibles, soit les Trônes, soit les Domi-*

---

(1) Greg. Naz. — (2) Ps. XXXII. 9.

nations, les Principautés et les Puissances, tout a été fait par lui et pour lui (1).

Le cycle du monde angélique remonte donc à la même époque que le cycle du monde matériel, et ces sublimes esprits élèvent tout l'édifice de la création à une hauteur incommensurable. L'épreuve les attendait aux portes mêmes de la vie. Michel et ses Anges courbèrent leurs fronts radieux, devant *la Femme et son Fils* qui, par l'incarnation décrétée du Verbe, devaient être placés, corps et âme, au-dessus des Anges les plus élevés. Satan et ses anges refusèrent leurs adorations à la divine hypostase qui élevait une nature inférieure au-dessus des esprits. L'épreuve était décisive. Les rebelles furent à l'instant dégradés, livrés à des flammes vengeresses, et les bons Anges, confirmés en grâce, passèrent à un ciel plus élevé, à une félicité plus grande encore. Ces Anges bienheureux sont de purs esprits qui n'ont pas besoin, pour être complets, d'un suppôt, comme l'âme humaine. Ils ne peuvent donc exercer aucun acte de notre vie corporelle, et quand ils ont conversé avec les hommes, c'était sous des formes empruntées et ils ne faisaient que *paraître manger et boire* (2). De l'incorporéité de leur nature, il résulte qu'ils sont inaccessibles à nos infirmités et qu'ils possèdent, sans aucun défaut, la beauté, l'intelligence, l'agilité, la force, dans la mesure que Dieu a déterminée pour chacun d'eux, mais supérieure à celle qu'il a départie à l'homme. Leur intelligence est *déiforme*, dit Saint-Thomas ; c'est-à-dire que l'Ange ne possède pas seulement, comme nous, la faculté de connaître, mais il connaît actuellement tout ce qu'il peut naturellement connaître. L'âme humaine a besoin d'un travail, d'une marche progressive pour atteindre la vérité. Les Anges la saisissent du premier élan, et une fois en possession d'un principe, ils en aperçoivent les conséquences les plus éloignées. C'est pourquoi la langue si précise de la théologie appelle les Anges intellectuels et nos âmes raisonnables. Toutefois, il est des connaissances que Dieu se réserve à lui seul. Il est toujours l'unique *scrutateur des cœurs et des reins* (3) ; il garde pour lui seul les secrets de l'avenir, et *personne, hormis le Père, pas même les Anges, ne connaît le jour et l'heure du jugement dernier* (4).

(1) Col. I. 16. — (2) Job. XII. 19. — (3) Jerem. XXVII. 10.— (4) Math. XIV. 36.

Êtres finis, les Anges, ne peuvent subsister partout à la fois ; mais, esprits purs, ils se transportent, comme notre pensée, d'un lieu à l'autre, sans avoir besoin, comme nos fluides, de passer par les lieux intermédiaires, et telle est leur subtilité, que toute l'épaisseur de notre globe est moins pour eux, que le voile le plus diaphane, pour les rayons du soleil. Ils sont *éminents en force et en vertu* (1). Les Anges sont capables de mettre en mouvement un monde entier, de transporter non-seulement des hommes, comme les deux Testaments l'attestent, mais une ville même tout entière, comme ils ont transporté la maison de la Très-Sainte-Vierge de la Judée en Italie. C'est un proverbe de tous les siècles, que la foi sanctionne : Beau comme un Ange. *Je vous ai vu*, disait Esther, *et j'ai cru voir un Ange de Dieu, et mon cœur s'est troublé, à l'éclat de votre gloire* (2). Même impression sur Marie-Madeleine quand elle vit les deux Anges de la résurrection *éclatant de blancheur* (3). Saint-Étienne était si beau devant ses juges, que *sa face leur apparut comme la face d'un Ange* (4). Le chantre des trois royaumes d'outre-tombe a célébré la beauté des Anges. « Je les voyais, dit-il, resplendir et bouillonner comme des flots autour du trône de Dieu. J'apercevais leurs têtes blondes ; mais mon œil était ébloui par la splendeur de leur visage (5). » Assez, N. T. C. F., sur ce rayonnement de gloire divine qui brille au front des Anges ; car nulle autre langue que la leur ne saurait dire combien sont beaux, ces fils aînés du *générateur de la beauté* (6).

Ces Anges glorieux et forts, ce sont *les soldats* du Très-Haut, mais *qui pourra les compter ?* (7) Le prophète en a vu dix *mille fois cent mille* (8) et l'exilé de Patmos des *myriades de myriades* (9). *La dignité d'un roi est dans la multitude de son peuple* (10). Quel nombre de sujets Dieu n'a-t-il donc pas dû se créer, pour le proportionner à sa dignité infinie de roi des rois ? Les Anges sont les quatre-vingt-dix-neuf brebis fidèles que le Fils de Dieu a laissées pour venir sauver le genre humain, pauvre brebis égarée. D'après ce rapport, les Anges seraient le centuple de tous les hommes qui ont passé ou qui passeront sur la terre, et qui tous ont été recherchés par le Bon-Pasteur. Au reste, N. T. C. F., tous ces calculs de l'Écriture

(1) II. Petri. II. 11. — (2) Esther. XV. 16.— (3) Joan. XX. 12.— (4) Act. VI. 15. — (5) Dante, Purgatorio. Cant. VIII. — (6) Sap. XIII. 3. — (7) Job. XXV. — (8) Dan. IX. 16. — (9) Apoc. IX. 16. — (10) Prov. XIV. 28.

n'indiquent nullement un nombre exact ; ils signifient seulement que les Anges sont innombrables, et il ne faut pas s'en étonner. La perfection des corps est dans leur grandeur, et celle des esprits dans leur nombre. Il n'en coûte rien à Dieu, dit Bossuet, de multiplier les choses excellentes, et ce qu'il y a de plus beau, c'est ce qu'il prodigue le plus.

Mais cette multitude d'Anges ne serait-elle pas une confusion, si Dieu, qui *a tout fait avec nombre, poids et mesure* (1), n'avait pas établi, dans le monde des esprits, cet ordre admirable qui nous ravit dans le monde des corps? Elle existe, N. T. C. F., dans l'Église du Ciel, comme dans celle de la terre, cette belle ordonnance qui produit l'harmonie et qui suppose la subordination. La foi nous dit que tous les Anges sont partagés en trois hiérarchies, et chaque hiérarchie en trois ordres ou chœurs. Les hiérarchies se composent d'esprits semblables entre eux, par les dons de la grâce et de la nature, et se distinguent par l'excellence spéciale des Anges qui les constituent et par la différence de leurs fonctions. Le torrent de lumière où s'abreuvent les Anges de la première hiérarchie, plus rapprochés de Dieu, est communiqué par eux, dans la mesure qui convient, aux Anges de la seconde hiérarchie ; ceux-ci, à leur tour, transmettent le trop plein du fleuve qui les inonde aux Anges de la troisième, et ceux de la troisième en font part aux hommes. Mais la réciprocité n'existe pas ; car les hommes ne peuvent rien apprendre aux Anges inférieurs, ni ceux-ci à leurs supérieurs. Seulement nos prières, nos bonnes œuvres, nos cris de détresse, s'en vont, sur les ailes des Anges gardiens de la terre, à travers toutes les hiérarchies, jusqu'au pied du trône de Dieu.

Mais comment se font ces communications des Anges aux hommes et des Anges entre eux ? Ils ont une langue, N. T. C. F., une manière de parler si parfaite, que Saint-Paul la leur enviait, comme un don précieux qui ne le cède qu'à la charité. Ils prennent, dit Saint-Jean, leur plus forte voix, quand il s'agit de détourner quelque calamité de la terre. *Clamavit voce magnâ : nolite nocere terræ* (2). Au Ciel, ils chantent en chœurs alternatifs le trois fois saint, l'*Alleluia* sans fin, l'éternel *Amen*. Le langage n'est, dans son essence, que la communication des pensées intimes, et la langue

---

(1) Sap. XI. 21. — (2) Apoc. VII. 2.

des Anges n'est que la transmission des idées, qu'ils réfléchissent, quand ils le veulent, les uns aux autres, comme les images que se renvoient deux miroirs parfaitement purs. Cette langue ineffable ne se parle qu'au Ciel, et quand ils ont à nous révéler quelque ordre de Dieu ou quelque bon conseil de leur charité, ils prennent une forme sensible, comme l'Ange de Gethsémani ; ils parlent notre idiome, comme Gabriel à Marie ; ils nous avertissent, durant le sommeil, comme l'Ange qui révéla à Saint-Joseph la conception divine de son épouse et la nécessité de fuir en Egypte, *avec l'enfant et la mère* (1). Et qui de nous, N. T. C. F., n'a pas entendu ces voix angéliques nous parler intérieurement dans nos tristesses, dans nos prières, dans nos tentations, dans nos périls ? Si nous étions plus attentifs, est-il un seul jour de notre vie où nous ne puissions dire avec le prophète : C'est l'Ange qui me parlait au fond du cœur. *Angelus qui loquebatur in me* (2).

Oserons-Nous maintenant, N. T. C. F., passer en revue cette armée céleste et vous en faire contempler la formidable majesté ? Regardez là-haut, infiniment au-dessous de Dieu, mais aussi incomparablement au-dessus des hommes ; voyez les séraphins tout inondés de flammes, placés au sommet des hiérarchies angéliques, près de l'adorable Trinité, autant que le fini peut approcher de l'infini. Ils s'appellent *les ardents et les embrasants*. L'amour qui fait comme leur essence les soulève sans cesse vers Dieu, sans leur permettre jamais de repos. Ils embrasent de leurs feux tous les esprits inférieurs. Debout, *avec leurs six ailes*, devant le trône de Dieu, *ils se couvrent les pieds de deux ailes, la face de deux autres et les dernières les soutiennent dans leur essor*, vers les hauteurs divines (3). Leur éternel cantique est celui que l'Église leur emprunte, pour nous annoncer la descente prochaine de Jésus-Christ sur nos autels : *Saint, Saint, Saint est le Seigneur, Dieu des armées*. Tout près d'eux, sont les chérubins, abîmes de science et de pureté, comme leur nom nous le révèle. Quand *Jehovah descend du Ciel*, nous dit la parole de Dieu accommodée à notre faiblesse, *il s'appuie sur leurs têtes et il vole sur leurs ailes* (4). Ce sont les *roues vivantes de son char, ornées d'escarboucles qui brillent comme des yeux*. Quand ils passent, on entend comme *des bruits d'ailes, comme le fracas*

(1) Matth. II. 13. — (2) Zach. IV. — (3) Isa. VI. 2. — (4) Ps. XVIII.

des grandes eaux, comme la voix du Dieu sublime ; la vision des chérubins frappe de terreur, *comme la ressemblance de la gloire de Dieu* (1). C'est pour cela que Dieu plaça le chérubin, armé d'un glaive flamboyant, *à l'entrée de l'Eden,* quand il fut désert, *pour garder le chemin de l'arbre de vie* (2). A leur suite viennent les Trônes qui représentent la puissance, comme les chérubins l'intelligence et les séraphins l'amour. Leur privilège est de transmettre aux *Anges administrateurs* (3) les communications qu'ils reçoivent de Dieu, sans médiation. L'Écriture donne aux trois ordres de cette hiérarchie des appellations qu'on dirait exagérées, si elles ne venaient pas de l'*Esprit-Saint qui scrute tout, même les profondeurs de Dieu* (4): *Cachets de la ressemblance de Dieu, porteurs sublimes de sa gloire, suppôts de ses divins attributs, yeux et force de Dieu.* La dignité de ces qualifications monte si haut, qu'elle se confond avec celle de la divinité. Comme Dieu, ils sont *Elohim,* et quand ils parlent au nom de Jéhovah, ils prennent ce nom incommunicable. Planètes de l'Empyrée, ils gravitent irrésistiblement vers le soleil de justice, et dans l'énergie de leur attraction, ils emportent les ordres inférieurs, toute la création, vers ce centre mystique où ils se plongent dans des flots de lumière, de gloire, de bonheur et d'amour.

Les Anges de la seconde hiérarchie sont plus spécialement les esprits administrateurs dont parle Saint-Paul, et leurs noms de Dominations, de Principautés, de Puissances, nous disent assez leurs fonctions sublimes. Dans les règnes de notre nature, les essences descendantes touchent à leurs supérieures immédiates. Le trirègne angélique n'est-il pas le prototype du nôtre ? Les Dominations, voisines des Trônes, reçoivent donc les ordres du Roi, des premiers Ministres de sa Cour, et elles les transmettent aux Anges qu'elles *dominent.* Ces ordres divins concernent en général le gouvernement de l'Univers. Dieu n'est pas embarrassé de tous ces mondes que nous l'avons vu jeter sans nombre dans l'espace. Cependant c'est une vérité attestée par l'Écriture et reconnue par tous les siècles, que, pour honorer les Anges, les chefs-d'œuvre de ses mains, Dieu gouverne le monde par le ministère des esprits. Cette croyance est universelle, comme celle de Dieu.

(1) Ezech. II. — (2) Gen. III. 24. — (3) Hebr. I. 14. — (4) I. Cor. II. 10.

Interrogez les peuples de tous les temps et de tous les lieux ; ils vous répondront, comme la *nation sainte* (1), qu'ils croient au gouvernement du monde matériel par le monde spirituel, comme ils croient au gouvernement de leur corps par leur âme. N'allez pas Nous demander, N. T. C. F., comment de purs esprits peuvent agir sur la matière ; ou bien Nous vous demanderons comment l'enfant dirige, là où il veut, le cercle ou la boule qui lui sert de jouet. Et si vous me dites que l'enfant a une main, pour agir sur la matière, Nous vous demanderons qui commande à cette main, matière elle-même, sinon la substance intelligente et spirituelle qui l'anime. Le comment de la chose Nous importe peu ; Nous constatons le fait et Nous le prouvons, en le constatant, comme on a prouvé autrefois le mouvement, par le seul fait du changement de place.

C'est donc pour nous, catholiques, une vérité de foi, *Dieu a fait des Ministres de tous ses Anges* (2). Ce sont eux qui *portent le monde* (3). Ils dirigent la brillante armée des astres, ces planètes dont la science constate l'invariable précision, dans leur révolution diurne et annuelle, qui mesure nos jours et nos années. Les Anges sont au monde ce que les colonnes sont à un grand édifice : ils l'embellissent et le soutiennent (4). Toute nature corporelle, toute vie même irrationnelle est soumise à ces bons Anges qui jouissent de Dieu et qui portent partout leur paradis (5). Le monde entier leur est confié ; ils ont pour office propre d'en maintenir l'ordre, de diriger les plus grands corps dans les champs de l'Ether, comme le pilote dirige son navire à travers les mers ; mais avec cette différence, que le pilote le plus habile peut quelquefois se tromper et les Anges jamais (6). Princes des nations et des royaumes, les Principautés les font marcher, quelquefois à leur insu, dans leur route providentielle. La presse ennemie de la religion et de la France crie donc vainement chaque jour à notre belle patrie d'abjurer sa gloire la plus pure, la mission qu'elle reçut, à son baptême, de protéger le catholicisme ; la France, grâce à ces Anges gardiens et à Marie leur reine, restera toujours l'épée de Dieu, la fille aînée de l'Église, la sentinelle armée de la Papauté. Les Puissances, revêtues, comme leur nom

(1) I. Petri. II. 9.—(2) Hebr. I. 14.—(3) Job. IX. 13.—(4) S. Jean Damascène (5) S. Aug. apud Suarez. II. 435. — (6) *Ibid.*

le dit, d'une autorité prédominante, écartent les obstacles qui s'opposent à l'exécution des ordres divins. Elles *brisent les dents des lions* (1), elles *lapident la bête qui ose s'approcher de la montagne* où Dieu opère ses merveilles (2) ; elles refoulent dans l'abîme toutes ces légions infernales qui assiègent les peuples et leurs princes, pour les détourner de la destinée que Dieu assigne à chaque nation.

Voilà, N. T. C. F., ce que le monde a toujours cru, ce que les païens, moins ignorants, moins haineux, que nos rationnalistes, en fait de surnaturalisme, professaient, au temps où l'on n'avait pas encore inventé *les lois immuables* qu'on veut imposer de nos jours à une nature brute et inerte, pour se passer de tout agent surnaturel. Ils disaient, eux, les païens, que c'est l'esprit qui remue la masse, *mens agitat molem* (3), que c'est lui qui soutient toute la machine de l'univers, comme c'est l'esprit de l'homme, en définitive, qui est le principe générateur de tous les chefs-d'œuvre de l'art, le premier moteur de toutes les forces mises au service de l'industrie. Aussi Bossuet, résumant d'un mot la croyance de tous les siècles sur les esprits, disait, au nom du catholicisme : « La subordination des natures créées demande que ce monde sensible et inférieur soit régi par le supérieur, et la nature corporelle par la nature spirituelle. » Voici maintenant, N. T. C. F., la hiérarchie angélique dont les trois ordres touchent de plus près à la terre et dont l'histoire se trouve le plus souvent mêlée à celle de l'humanité : les Vertus, ou forces de Dieu, appliquées à notre terre, à ses mouvements dans l'espace, à sa puissance productive qui pourvoit à tous nos besoins ; les Vertus, *anges des eaux* (4), qui tempèrent le cours de nos torrents, les *admirables élans de la mer* (5), qui maintiennent en équilibre tous nos éléments, qui président aux phénomènes de l'atmosphère, en réprimant la malice de tous ses démons typhoniens qui *éternuent du feu* (6) et qui *soufflent les tempêtes* (7) ; les vertus qui suspendent aussi les lois de notre nature, quand le grand Maître de la nature l'ordonne, qui sont les Ministres habituels de Dieu, dans l'opération des miracles, et qui, à ce titre, racontent à Dieu les supplications qui viennent de la terre, pour la cessation de quel-

(1) Ps. LVII. 7.— (2) Hebr. XII. 20.— (3) OEneid. VI. 727.— (5) Apoc. XVI. 5. — (5) Ps. XCII. 4. — (6) Job. XXXI. 9. — (7) Ps. X. 7.

que fléau, pour l'obtention de quelque grâce insigne. *Per virtutes, signa et miracula frequentiùs fiunt* (1).

Les Archanges et les Anges, N. T. C. F., sont également les envoyés de Dieu. Il les députe, pour nous révéler ses volontés adorables, et réciproquement nous les envoyons exposer à Dieu nos besoins, nos douleurs, nos prières et nos bonnes œuvres. C'est *l'échelle que Jacob vit à Béthel, appuyée sur la terre, touchant du sommet au Ciel, parcourue constamment par des Anges qui montent et par des Anges qui descendent* (2). Mais aux Archanges les grandes affaires de ce monde, les vigilances supérieures, comme la garde des églises et des Pontifes, des nations et des chefs préposés à la tête de grands peuples ; à eux le commandement des Anges attachés aux individus de la communauté confiée à l'Archange ; à eux les missions les plus sublimes, les révélations qui intéressent le plus la gloire de Dieu et le salut de nos âmes.

Le nom de tous les Anges est ineffable, N. T. C. F. ; trois d'entre eux seulement ont gravé leurs noms sur la terre, ou plutôt ils ont laissé, dans nos souvenirs, comme un mémorial de reconnaissance, l'appellation de leur bienfaisant ministère, et ce sont trois Archanges. C'est Michel qui, à son cri de guerre : *qui est comme Dieu ?* rallia sous sa bannière les deux tiers des armées célestes, qui *combattit Lucifer au Ciel et le précipita avec ses anges dans le lac bouillant de feu et de soufre* (3) ; Michel le protecteur de la Synagogue et de l'Église, qui a disputé au démon le corps de Moïse, et qui dispute encore, sous nos yeux, le corps de Pierre à Satan et à ses suppôts ; Michel en qui Rome espère et en qui la France a droit d'espérer aussi, car il en est, avec Marie, le vieux patron ; Michel qu'il faut invoquer, quand arrivent des temps d'orages populaires, qui font songer au temps où *ce grand Prince reviendra défendre le peuple de Dieu, temps si mauvais que les nations n'en auront jamais vu de semblable et où il n'y aura de sauvés que ceux qui sont écrits au livre de vie* (4). C'est Raphaël, *l'un des sept qui se tiennent debout devant le Seigneur* (5) ; Raphaël, le guide du jeune Tobie, le patron des voyageurs qu'il préserve

---

(1) Greg. Magni. — (2) Gen. XXXVII. 12. — (3) Apoc. XII. — (4) Dan. XII. (5) Job. XIII. 15.

de tout danger, des jeunes époux qu'il délivre du démon impur ; Raphaël, *la médecine de Dieu*, qui rend la lumière aux aveugles, que nos pères appelaient près de leurs malades, et dont la messe est encore indiquée dans nos vieux missels, comme la seule à l'intention des infirmes. C'est Gabriel, le messager du Verbe, le révélateur des plus hauts mystères. Il a calculé, avec le prophète, les septante semaines d'années qui manquaient encore, pour la venue du *Désiré de toutes les nations* (1) ; il a prédit à Zacharie la naissance de Jean, le précurseur. Mais sa mission la plus glorieuse, c'est d'avoir annoncé à l'humble Vierge de Nazareth le grand mystère de l'Incarnation ; c'est de nous avoir révélé toutes les grandeurs de Marie, en la saluant *pleine de grâce, toujours avec le Seigneur*. Les échos de tous les siècles ont redit ce salut à Marie ; un Archange que la terre a le bonheur de posséder encore, Pie IX l'a répété à l'Immaculée, et les générations futures le rediront sur l'autorité de Pie IX, avec une foi aussi ferme que celle qui vient de l'Évangile.

Nous arrivons, N. T. C. F., au dernier degré des hiérarchies angéliques, à ces esprits les plus rapprochés de nous dans l'ordre ascendant des intelligences. Ce sont, comme les autres, des princes de la Cour céleste ; mais, constamment mêlés parmi les hommes, ils font descendre le Paradis sur la terre, ou plutôt ils élèvent la terre jusqu'au Ciel. Ces gardiens de nos personnes, de nos églises, de nos cités, tant d'autres Anges à qui Dieu confie quelque ministère ici-bas, peuplent la terre d'un plus grand nombre d'Anges que d'hommes et nous transforment, nous, pauvres *hôtes, étrangers, en concitoyens des saints, en serviteurs de Dieu* (2). C'est ici le côté le plus consolant, le plus pratique du monde angélique et qui mérite une étude à part. Mais Nous Nous apercevons trop tard que leurs grands frères Nous ont pris tout le temps qu'il Nous était donné pour vous les montrer. Nous renvoyons donc à une autre époque le dogme ravissant des Anges gardiens, et Nous Nous engageons envers eux et envers vous, N. T. C. F., à essayer d'achever le tableau des esprits bienheureux, s'ils ne viennent pas bientôt Nous annoncer le jour tant désiré du *viens à Nous*, ce qui Nous serait de beaucoup meilleur (3).

(1) Agg. II. 8. — (2) Eph. II. 19. — (3) Philip. I. 23.

Ce que Nous venons de balbutier des esprits supérieurs n'est rien, en comparaison de ce qui resterait encore à dire. C'est un coup d'aile donné par un Ange sur un vieux front desséché, et Nous vous renvoyons l'Ange lui-même, N. T. C. F., en le priant de vous donner l'intelligence de tant de mystères angéliques que Nous n'avons pas même osé aborder. Qu'est-ce, par exemple, que ces animaux mystiques, ces Anges à quatre faces, qu'Ezéchiel et Saint-Jean ont vu *rendre gloire à Dieu et honneur à Celui qui est assis sur le trône ?* (1) Que sont *les sept anges de la présence, les sept esprits, les sept étoiles, les sept chandeliers d'or, les sept lampes ardentes*, dont l'Écriture parle si souvent, au sujet des Anges ? Raphaël nous apprend qu'il est l'un d'eux ; un prophète nous révèle que *ce sont les yeux de Dieu qui parcourent la terre* (2). C'est l'un des sept qui dit à l'Apôtre ravi : *Viens, et je te montrerai l'épouse de l'agneau* (3). Ils ont chacun une trompette, la trompette du jugement, et c'est l'un d'eux qui domine nos chaires chrétiennes, pour nous réveiller, aux grandes vérités de nos fins dernières, avant le réveil général des morts. Saint-Denis, l'aréopagite, les place dans *le vestibule de la Trinité supersubstantielle*, et Rome leur a consacré l'une de ses plus belles basiliques, Sainte-Marie-des-Anges. Leur culte fut même autorisé en Espagne, et naguère plusieurs Évêques ont sollicité la reprise de l'office que Paul IV avait fait composer en leur honneur.

Nous n'avons compté, N. T. C. F., que neuf chœurs d'Anges. Cependant, par delà ces myriades et ces esprits les plus élevés, il y a encore un infini de vide pour arriver à Dieu. Le Ciel des cieux n'a-t-il pas, comme le nôtre, des étoiles que nous cache Celui qui a limité le regard de notre âme, comme la vue de notre corps ? Le Saint qui nous guide dans ce monde des Anges, nous avertit qu'il ne parle que des ordres révélés aux hommes, mais « qu'il en existe bien d'autres qui ne sont connus que de celui-là seul qui les a créés si parfaits » (4). Le Docteur, à la bouche d'or, ajoute : « Il existe, oui, il existe d'autres essences angéliques dont nous ne connaissons pas les dénominations. Les neuf ordres sont loin d'être les seules populations du Ciel. Ce Paradis immense possède en outre d'innombrables tribus d'esprits,

---

(1) Apoc. IV. — (2) Zach. IV. 10. — (3) Apoc. XXI. — (4) S. Dionysii. de Cæl. Hier. CVI.

des habitants infiniment variés, sur lesquels le langage humain ne pourrait formuler la moindre idée » (1). Et Saint-Paul n'autorise-t-il pas cette croyance, quand il dit : *Dieu a placé le Christ à sa droite, au-dessus de tout ce qui porte un nom dans le siècle présent et dans le siècle futur* (2).

Cette place élevée au-dessus de tous les Anges était due à l'humanité inséparablement unie au Verbe, qui *a pu, sans usurpation, s'égaler à Dieu* (3). Aussi, quand, après avoir achevé son œuvre sur la terre, *Jésus-Christ partit pour le Ciel* (4), Dieu l'avait fait si grand qu'il fallut, pour l'introduire, *hausser les linteaux des portes éternelles* (5). Étonnés de voir un corps placé au-dessus de tous les esprits, les Anges se demandaient : *Quel est donc ce roi de gloire qui vient d'Edom, avec des vêtements rouges comme ceux d'un vendangeur de Bosra ?* (6) Mais bientôt ils reconnurent celui qu'ils avaient entrevu, au temps de l'épreuve, que Dieu *ne faisait qu'introduire de rechef parmi eux, en leur ordonnant de l'adorer* (7). Tous alors se prosternent devant celui qui *vit dans les siècles des siècles*, et l'Éternité ne suffira pas pour rassasier le désir qui les embrase de le contempler. *In quem angeli desiderant prospicere* (8).

Mais quelle est cette femme qui s'élève aussi de notre désert, jusqu'au sommet des hauteurs célestes, dont la gloire et la beauté font pâlir celles des Anges ? C'est la Vierge, mère de Jésus. Les Anges ont entendu l'Esprit-Saint déclarer que *Dieu avait trouvé des taches en eux* (9), mais qu'*il n'y en avait pas une seule dans son épouse* (10). Depuis que l'un d'eux l'avait proclamée *bénie entre toutes les femmes*, ils l'ont reconnue pour leur Reine. C'est pour cela qu'ils sont allés en foule jusque sur la terre au devant d'elle et qu'ils l'ont enlevée corps et âme au Ciel. Ils ont vu leur roi, son Fils, la couronner Reine du Ciel, et tous les Anges, transportés de joie, confondent éternellement les louanges de la Mère avec celles du Fils. *De cujus assumptione gaudent angeli et collaudant Filium Dei* (11).

Bienheureux donc, N. T. C. F., tous ces fils aînés de la création, dont le

---

(1) Chrys. I. p. 473. Montfaucon. — (2) Eph. I. 21. — (3) Philip. II. 6. — (4) I. Petri. III. 22. — (5) Ps. XXIII. 7. — (6) Isa. LXIII. — (7) Hebr. I. 6. — (8) I. Petri. I. 12. — (9) Job. IV. 4. — (10) Cant. IV. 7. — (11) Officium. Eccles.

Père a rempli son Ciel et notre monde, que l'Esprit-Saint a élevés si haut, vers l'infini de son intelligence et de son amour, que nous dominons pourtant, nous, poignée de terre animée d'un souffle divin, par l'humanité de Jésus, notre frère, de Marie, notre sœur ; bienheureux *les rachetés de toute tribu,* qui contemplent l'inaccessible sanctuaire de Dieu, les trônes de son Fils et de sa Fille, les neufs pavillons *couleur du ciel* (1) dont le plus élevé monte à une hauteur que pourrait seulement nous dire celui qui *mesura, de sa toise d'or, la Jérusalem du Ciel, toute resplendissante des clartés de Dieu* (2). Bienheureux les justes, qui vivent ici-bas de la vie des Anges, pour être bientôt *comme les Anges au Ciel* (3). Nous avons besoin de causer souvent avec les Anges, de nous laisser soulever par eux, nous, anges déchus, dont le vol est si alourdi par le poids du corps qui nous entraîne toujours vers la terre. Bien que ce corps comprime nos ailes et les souille même de son argile, nous sommes de la famille des Anges, appelés à combler les vides que le péché a faits dans leurs rangs. Si l'homme a été créé leur inférieur, il peut, par des vertus héroïques, approcher des Anges les plus élevés, et la piété, comme l'Église, quand elle parle de François-d'Assise, de Thérèse d'Avila, ne les appelle que les séraphiques. Si, du moins, sans aller si haut, toutes les âmes étaient en possession de la grâce, de la justice, de la sainteté, qui leur donnent droit, quand elles secouent leur poussière, de s'envoler vers le Ciel des Anges ! Mais si l'Ange de la mort venait à l'improviste faucher, comme l'herbe, les hommes sur la terre, Nous ne le disons qu'en pleurant, que d'âmes dans le monde, et même dans nos Landes pourtant si chrétiennes, ne quitteraient leurs corps impurs que pour entendre cette épouvantable parole : *Allez, maudits, au feu éternel qui a été préparé pour Satan et pour ses anges* (4). Donc, nous tous qui vivons encore, mais qui passons si vite ici-bas, encore quelques instants, et nous serons transformés en beaux anges ou en horribles démons. Que dis-je ? la transfiguration est déjà faite ici-bas. Suivant que nous sommes en grâce ou en haine avec Dieu, nous sommes déjà parmi les bons ou les mauvais anges ; nous appartenons à Jésus-Christ ou à Satan, au Paradis ou à l'Enfer. Seulement, pendant que nous marchons dans la voie de l'épreuve,

---

(1) Esther. I. 6.—(2) Apoc. XXI.—(3) Matth. XXII. 30.—(4) Matth. XXV. 41.

nous pouvons choisir entre les deux chefs, entre les deux armées qui sont constamment aux prises, pour se disputer la possession des âmes. Mais la lutte devient plus acharnée durant le Carême et la Pâque, où le Ciel et l'Église mettent leurs Anges en campagne pour combattre les démons, pour leur arracher les âmes qu'ils tiennent captives.

Pécheurs, chaque année, à pareille époque, Nous vous mandons, au nom de Dieu, de quitter le maître dur que vous servez, de passer, durant la bataille, sous l'étendard de Jésus-Christ. Combien pourtant ont résisté jusqu'ici aux prières de notre foi, aux larmes de notre amour ! Cependant les années passent; le temps nous emporte dans nos suaires, et depuis que Nous commandons la milice chrétienne des Landes, près de cent mille combattants de tout âge sont tombés sur le champ de bataille. Où sont-ils maintenant?.... Eh bien ! pauvres chers frères, Nous vous en conjurons encore cette année, avec toute la sollicitude que Nous inspire le compte que Nous rendrons bientôt de vos âmes, du moins, cette fois, ne refusez pas votre bonne volonté au concours de tous les Anges qui vont travailler, avec vos prêtres, au salut de vos âmes.

Déserteurs de nos saints tribunaux, vous pouvez dire, comme le prophète : *Malheur à moi, parce que je me suis tu*. Mais voici *un séraphin qui vient toucher vos lèvres d'un caillou brûlant*, vous donner le courage de les ouvrir, pour *confesser vos iniquités, et vos iniquités seront effacées* (1). Depuis longtemps vous avez pris en dégoût *le pain des Anges ;* vous avez préféré *d'assouvir votre faim de ce qui fait la pâture des animaux les plus immondes* (2). Mais n'entendez-vous pas *les chérubins, dont les ailes résonnent comme la voix de Dieu, qui vous crient : Prenez le feu que vous voyez là*, au milieu de nous (3). *Mangez ce pain que vous apporte l'Ange du Seigneur*, et, *quelque longue que soit la route qui vous reste encore à faire, vous marcherez dans la force de cette nourriture et vous arriverez à la montagne de Dieu* (4). Quand vous aurez, par de bonnes Pâques, reconquis tous *vos droits à l'héritage du salut, tous les esprits célestes se feront vos ministres* (5). Raphaël

(1) Isa. VI. — (2) Luc. XV. 16. — (3) Ezech. X. — (4) III. Reg. XIX. — (5) Hebr. I. 14.

vous accompagnera dans le chemin de la vie , Michel combattra avec vous les esprits tentateurs , et quand le voyageur sera tout haletant , quand l'athlète sera fatigué, Gabriel le fera reposer sous son aile, dans le giron de l'Immaculée dont il fut le gardien fidèle. Quand, *à la voix de l'archange* (1), le Roi *des Trônes, des Dominations , des Principautés , des Puissances* (2), descendra, à la fin des temps, dans la prophétique vallée , vous tous qui aurez *lavé vos taches dans le sang de l'agneau,* vous assisterez , *en grande confiance ,* à la journée solennelle qui fermera les siècles. Et quand, après le jugement, Jésus-Christ *remontera au-dessus des vertus et de tous les esprits célestes ,* vous vous envolerez à sa suite , *avec tous ses Anges, dans la gloire de son Père* (3) , dans le Paradis des Anges et des Saints.

A CES CAUSES ,

Après en avoir conféré avec nos vénérables frères, les dignitaires, chanoines et chapitre de notre église cathédrale ,

Nous avons ordonné et ordonnons ce qui suit :

Article 1er.

Tous les fidèles qui ont atteint l'âge de raison sont tenus à l'abstinence , et ceux qui ont 21 ans accomplis à l'abstinence et au jeûne , s'ils n'en sont empêchés par quelque motif légitime.

Article 2.

En vertu d'un Indult apostolique , Nous autorisons l'usage des aliments gras les dimanche, lundi, mardi, jeudi, de chaque semaine , jusqu'au mardi de la Passion inclusivement. La vigile de la fête de Saint-Joseph, qui arrivera

(1) I. Thess. IV. 15. — (2) Col. I. 16. — (3) Matth. XVI.

le surlendemain, étant réservée par le bref, l'abstinence de viande et de graisse sera obligatoire cette année pour le jeudi de la Passion. La fête de l'Annonciation étant renvoyée après Pâque, l'autre exception qui en réserve aussi la vigile n'a pas d'application cette année.

Les personnes dispensées du jeûne pourront faire usage de cette permission à tous les repas des jours précités, et les autres à un seul repas, excepté le dimanche.

L'Indult défend expressément de manger de la viande et du poisson au même repas.

Article 3.

En vertu du même Indult, Nous permettons l'usage de la graisse pour préparer les aliments, au repas principal et à la collation, les jours de jeûne et d'abstinence du Carême et de l'année, excepté le mercredi des cendres, tous les jours de la semaine sainte, les Quatre-Temps du Carême et tous les jours d'abstinence, pendant l'année, où le jeûne est de précepte.

Article 4.

Nous dispensons du précepte de l'abstinence pour la fête de Saint-Marc et pour les trois jours des Rogations prochaines, par autorisation d'un Indult dont Nous devons renouveler la concession chaque année (1).

Article 5.

Pendant le Carême, excepté le Vendredi-Saint, Nous permettons l'usage des œufs au repas principal, mais non à la collation pour ceux qui jeûnent, et à tous les repas pour ceux qui ne sont point obligés à jeûner.

Article 6.

Nous permettons l'usage du beurre, du fromage, du lait, à la collation tous les jours de jeûne du Carême et de l'année.

---

(1) Voir Mandement, tome II, page 236.

Article 7.

Notre Très-Saint Père le Pape prescrit à tous les fidèles qui useront des permissions sus-mentionnées de faire, à titre de compensation, une offrande proportionnée à leurs facultés. Nous recommandons à MM. les curés d'avertir les fidèles que cette offrande est obligatoire. C'est une légère, mais rigoureuse satisfaction que l'Église exige pour l'atteinte portée à ses lois. Cette aumône, indispensable aux besoins bien connus du diocèse, ne peut être commuée en aucune autre bonne œuvre. D'après nos sages prédécesseurs, Nous indiquons toujours la moyenne de 25 centimes pour chaque individu de la paroisse. Nous supplions les riches de se souvenir que Dieu les charge de donner à la place des pauvres. Tout en accomplissant par cette offrande un devoir imposé par l'Église, nos bien-aimés diocésains savent qu'ils Nous aident à entretenir parmi eux les sources du sacerdoce et à subvenir à des besoins sans cesse renaissants.

Article 8.

Les pauvres qui seraient dans l'impossibilité absolue de faire cette offrande, y suppléeront par la récitation de cinq *Pater* et *Ave*, pour les besoins de l'Église, du Pape et du diocèse.

Article 9.

Le Temps Pascal commencera le 4ᵉ dimanche de Carême et finira le dimanche du *Bon-Pasteur*. En annonçant l'ouverture de ce temps, MM. les curés liront le Canon du Concile de Latran touchant la confession annuelle et la communion pascale; puis ils proclameront la faculté dont jouit tout fidèle de s'adresser, pour la confession, à tout prêtre approuvé.

Article 10.

Tous les dimanches du Carême, après les Vêpres, il y aura Salut du Très-Saint Sacrement, auquel on chantera le psaume X, *In Domino Confido*, le *Parce*, répété trois fois, le *Sub tuum*, suivis de l'oraison pour le Pape, *Deus omnium*; puis le *Tantum ergo*, avec les verset et oraison du Très-Saint Sacrement.

Article 11.

Dans toutes les paroisses où l'on pourra rassembler un certain nombre d'assistants, MM. les curés feront le soir à l'Église, au moins deux fois par semaine, la prière publique suivie d'une courte instruction. Nous autorisons pour ces jours la bénédiction avec le Saint-Ciboire, où il suffira de chanter deux strophes, le verset et l'oraison du Saint-Sacrement. Nous les exhortons en outre à faire publiquement le Chemin de la Croix, chaque vendredi de Carême, pour la conversion des pécheurs, pour l'exaltation de la Sainte-Église et pour la fin des tribulations de Pie IX.

Article 12.

Et sera notre présente Instruction Pastorale lue dans toutes les églises et chapelles publiques de notre diocèse.

Donné à Aire, en notre palais épiscopal, sous notre seing, le sceau de nos armes et le contre-seing du Secrétaire de l'Évêché, en la fête de l'Épiphanie, 6 janvier de l'an de grâce 1869.

† LOUIS-MARIE, Év. d'Aire et de Dax.

Par Mandement :

SOULÉ, Chan. Secr. gén.

www.ingramcontent.com/pod-product-compliance
Lightning Source LLC
Chambersburg PA
CBHW070455080426
42451CB00025B/2751